1 MONTH OF FREE READING

at

www.ForgottenBooks.com

By purchasing this book you are eligible for one month membership to ForgottenBooks.com, giving you unlimited access to our entire collection of over 1,000,000 titles via our web site and mobile apps.

To claim your free month visit:

www.forgottenbooks.com/free1265917

* Offer is valid for 45 days from date of purchase. Terms and conditions apply.

ISBN 978-0-365-19792-8
PIBN 11265917

This book is a reproduction of an important historical work. Forgotten Books uses
state-of-the-art technology to digitally reconstruct the work, preserving the original format
whilst repairing imperfections present in the aged copy. In rare cases, an imperfection in
the original, such as a blemish or missing page, may be replicated in our edition. We do,
however, repair the vast majority of imperfections successfully; any imperfections that
remain are intentionally left to preserve the state of such historical works.

Forgotten Books is a registered trademark of FB &c Ltd.
Copyright © 2018 FB &c Ltd.
FB &c Ltd, Dalton House, 60 Windsor Avenue, London, SW19 2RR.
Company number 08720141. Registered in England and Wales.

For support please visit www.forgottenbooks.com

OTELLO
OSSIA
IL MORO DI VENEZIA

Dramma tragico in tre atti di Berio

POSTO IN MUSICA DA

GIACHINO ROSSINI

DA RAPPRESENTARSI

ALL' I. R. TEATRO ALLA CANOBBIANA

l' Autunno 1856.

Milano

DALL' I. R. STABILIMENTO NAZIONALE PRIVILEGIATO DI
TITO DI GIO. RICORDI
Cont. degli Omenoni, N. 1720
e sotto il portico a fianco dell'I. R. Teatro alla Scala.
27996

PERSONAGGI	ATTORI
OTELLO, Africano, al servizio di Venezia...	sig. *Pancani Emilio*
DESDEMONA, sposa occulta d'Otello, figlia di .	sig.ª *Spezia Maria*
ELMIRO, Patrizio Veneto nemico d'Otello, padre di Desdemona...	sig. *Segri Segarra Giuseppe*
RODRIGO, amante sprezzato da Desdemona, figliuolo del Doge..	sig. *Tagliazucchi Pietro*
JAGO, finto amico d'Otello	sig. *Steller Francesco*
EMILIA, confidente, di Desdemona.....	sig.ª *Nebuloni Virginia*
Il DOGE.....	sig. *Benzi Giuseppe*
LUCIO, confidente di Otello	sig. *Archinti Gaetano*

Senatori   Seguaci di Otello
Damigelle del seguito di Desdemona - Popolo.

L'azione si finge in Venezia.

Maestri Concertatori
Punizza Giacomo, Mazzucato Alberto e *Secchi Benedetto.*
Primo Violino Direttore d'orchestra *Cavallini Eugenio.*
Primo Violino sostituto al suddetto *Corbellini Vincenzo.*
Altro primo sostituto al suddetto Corbellini, *Melchiori Antonio.*
Primo Violino dei secondi *Cremaschi Antonio.*
Primo Violino per il Ballo *Montanari Gaetano.*
Primo Violino sostituto al Direttore per il Ballo *Brambilla Luigi.*
Primo Violino dei secondi per il Ballo *Ferrari Fortunato.*
Prime Viole
per l'Opera *Tassistro Pietro* - pel Ballo *Mantovani Giovanni.*
Primi Violoncelli a vicenda per l'Opera
Truffi Isidoro - Pezze Alessandro.
Primo Violoncello per il Ballo; e sostituto ai suddetti
Fasanotti Antonio.
Primo Contrabasso al Cembalo *Rossi Luigi.*
Sostituto al medesimo, e 1.° Contrabasso per il Ballo *Manzoni G.*
Sostituti ai suddetti *Moja Alessandro - Motelli Nestore.*
Primi Flauti
per l'Opera *Pizzi Francesco* - pel Ballo *Marcora Filippo.*
Ottavino *Pellegrini Ercole.*
Primi Oboe
per l'Opera *Daelli Giovanni* - pel Ballo *Confalonieri Cesare.*
Primi Clarinetti
per l'Opera *Bassi Luigi* - pel Ballo *Erba Costantino.*
Primi Fagotti
per l'Opera *Cantù Antonio* - pel Ballo *Torriani Antonio.*
Primi Corni
per l'Opera *Rossari Gustavo* - pel Ballo *Caremoli Antonio.*
Prime Trombe
per l'Opera *Languiller Marco* - pel Ballo *Freschi Cornelio.*
Primi Tromboni *De-Bernardi Luigi. - De-Bernardi Enrico.*
Bombardone *Castelli Ambrogio.*
Arpa *Rigamonti Virginia.*
Organo e Fisarmonica *Almasio Francesco.*
Timpani *Sacchi Carlo.*
Gran Cassa *Rossi Gaetano.*
Maestro e direttore dei Cori *Carletti Paolo.*
Sostituto al suddetto *Portaluppi Paolo.*
Editore e proprietario dello Spartito e del Libro *Tito di Gio Ricordi.*
Poeta *Fortis Leone.*
Direttore di Scena *Carraro Gio.* — Rammentatore *Grolli Giuseppe.*
Buttafuori *Bassi Luigi.*
Pittori scenografi *Peroni Filippo* e *Vimercati Luigi.*
Direttore del Macchinismo *Ronchi Giuseppe.*
Fornitori dei Pianoforti, *M. Voetter e figlio.*
Direttori del Vestiario *Colombo Giacomo e Zamperoni Luigi*
Proprietarj degli Attrezzi *Croce Gaetano* e *Zaffaroni Pietro.*
Parrucchiere *Venegoni Eugenio.*
Fiorista e Piumista *Robba Giuseppina.*

ATTO PRIMO

SCENA PRIMA.

La scena rappresenta la Piazzetta di S. Marco, in fondo della quale, fra le colonne, si vede il Popolo, che attende festoso lo sbarco di Otello. Navi in distanza.

Doge, Elmiro; Senatori seduti, indi **Otello, Jago, Rodrigo** e **Lucio** seguito dalle Schiere.

POPOLO.

Viva Otello, viva il prode
Delle schiere invitto duce,
Or per lui di nuova luce
Torna l'Adria a sfolgorar.
Lui guidò virtù fra l'armi,
Militò con lui fortuna,
Si oscurò l'odrisia luna
Del suo brando al fulminar.

(sbarcato Otello, si avanza verso del Doge al suono d'una marcia militare, seguito da Jago, Rod. e Lucio)

OTE. Vincemmo, o padri. I perfidi nemici
Caddero estinti. Al lor furor ritolsi
Sicura omai d'ogni futura offesa
Cipro, di questo suol forza e difesa.
Null'altro a oprar mi resta. Ecco vi rendo
L'acciar temuto, e delle vinte schiere
Depongo al vostro piede armi e bandiere.
DOGE Qual premio al tuo valor chieder potrai?..
OTE. Mi compensaste assai
Nell'affidarvi a me. D'Africa figlio,
Qui straniero son io; ma se ancor serbo
Un cor degno di voi, se questo suolo

Più che patria rispetto, ammiro ed amo,
M'abbia l'Adria qual figlio, altro non bramo.
JAGO (Che superba richiesta!)
ROD. (A' voti del mio cor fatale è questa!)
DOGE Tu d'ogni gloria il segno,
Vincitor, trascorresti; il brando invitto
Riponi al fianco, e già dell'Adria figlio
Vieni tra i plausi a coronarti il crine
Del meritato alloro.
ROD. (Che ascolto! ahimè! perduto ho il mio tesoro.) (a Jago)
JAGO (Taci, non disperar.) (a Rod.)
OTE. Confuso io sono
A tante prove e tante
D'un generoso amor. Ma meritarle
Poss'io, che nacqui sotto ingrato cielo,
D'aspetto e di costumi
Sì diverso da voi?
DOGE Nascon per tutto, e rispettiam gli eroi.
OTE. Ah! sì per voi già sento
Nuovo valor nel petto:
Per voi d'un nuovo affetto
Sento infiammarsi il cor.
(Premio maggior di questo (tra sè)
A me sperar non lice:
Ma allor sarò felice
Quando il coroni amor.)
POPOLO Non indugiar, t'affretta:
Deh! vieni a trionfar.
(Rod. nel massimo dispetto si vorrebbe scagliare su di
JAGO (T'affrena, la vendetta Otello: Jago lo trattiene)
Cauti dobbiam celar.)
OTE. (Deh! Amor, dirada il nembo
Cagion di tanti affanni,
Comincia co' tuoi vanni
La speme a ravvivar.)
SEN., POP. Non indugiar, t'affretta,
Deh! vieni a trionfar. (parte Otello seguito
de' Senat. e del Pop.; Elm. rimane)

SCENA II.

Elmiro, Jago e Rodrigo.

ELM. Rodrigo!...
ROD. Elmiro! Ah padre mio! Deh! lascia
Che un tal nome ti dia se al mio tesoro
Desti vita sì cara.
Ma che fa mai Desdemona?... che dice?
Si ricorda di me?... sarò felice?
ELM. Sospira, piange, e la cagion mi cela
Dell'occulto suo duol.
ROD. Ma in parte almeno...
ELM. Arrestarmi non posso: odi lo squillo
Delle trombe guerriere:
Alla pubblica pompa ora degg'io
Volgere il piè; ci rivedremo, addio.

SCENA III.

Jago e Rodrigo.

ROD. Udisti?
JAGO Udii...
ROD. Dunque abbagliato Elmiro
Dalla gloria fallace
Dell'Affro insultator, potrebbe ei forse,
Degenere dagli avi, a un nodo indegno
Sacrificar l'unica figlia?...
JAGO Ah! frena,
Frena gl'impeti alfin. Jago conosci,
E diffidi così? Tutti ho presenti
I miei torti, ed i tuoi; ma sol fingendo
Vendicarci potrem: se quell'indegno
Dell'Africa rifiuto
Or qui tant'alto ascese,
Oppormi a lui saprò. Sol questo foglio
Basta a domare il suo crudele orgoglio.
(gli porge un foglio)

Rod. Che leggo! e come mai?...
Jago   Per or ti accheta,
    Tutto saprai; ogni ritardo or puote
    Render vana l'impresa.
Rod.   Ondeggia il core
    Tra le speme, lo sdegno ed il timore.
        No, non temer: serena
        L'addolorato ciglio:
        Prevenni il tuo periglio,
        Fidati all'amistà.
Jago   Calma su i labbri tuoi
        Trova quest'alma oppressa,
        Ed una sorte istessa
        Con te dividerà.
a 2   Se uniti negli affanni
        Noi fummo un tempo insieme,
        Or una dolce speme
        Più stretti ci unirà.
Rod.   Nel seno già sento
        Risorger l'ardire.
Jago   Vicino il contento
        Mi pinge il pensier.
        A un'alma che pena
        Si rende più grato,
        Quanto è più bramato
        Atteso piacer.   (partono)

SCENA IV.

Stanza nel palazzo di Elmiro.

Desdemona e Emilia.

Emi. Inutile è quel pianto: il lungo affanno
    Si trasformi in piacer; carco d'allori
    A noi riede il tuo bene. Odi d'intorno
    Come l'Adria festeggia un sì bel giorno.
Des. Emilia, ah tu ben sai

Quanto finor penai: come quest'alma
Al racconto fedel del suo periglio
Si pingea palpitante in sul mio ciglio;
E fra i palpiti miei, fra le mie pene
Quante volte dicea: perchè non viene?
Ed or ch'è a me vicino,
Mi veggo in preda a più crudel destino!
Ah! perchè mai questa sua gloria accresce
In me per lui l'affetto,
Come nel padre mio l'odio e 'l dispetto?

EMI. Sicura del suo onore ogni altra tema
Inutile si rende.

DES.   Ah ch'io pavento,
Ch'ei sospetti di me! Ben ti sovviene
Quanta parte tu stessa
Del mio crin recidesti. Ah! che ad Otello
Dono sì caro allor non giunse: il padre
Sorprese il foglio, ch'io con man tremante
A lui vergava. Al suo Rodrigo invece
Diretto il crede: io secondai l'errore,
Ma il labbro il disse, e lo smentiva il core.
Fin da quel dì dell'idol mio le usate
Note più non rividi... Un dubbio atroce
M'agita, mi confonde...
Chi sa? conobbe ei forse
Pegno sì dolce in mano altrui? me infida
Crede dunque?...

EMI.   Che dici?...
Timido è amore, e spesso si figura
Un mal che non esiste, o che non dura.

DES.   Vorrei che il tuo pensiero
      A me dicesse il ver.

EMI.   Sempre è con te sincero:
      Nò, che non dêi temer.

DES.   Ma l'amistà sovente
      Ciocchè desia si finge.

EMI.   Ma un'anima languente

           Sempre il dolor si pinge.
DES.   Ah! crederti vorrei,
           Ma a te s'oppone il cor.
EMI.   Credere a me tu dêi,
           E non fidarti al cor.
a 2   Quanto son fieri i palpiti
             Che desta in noi l'amor!
           Dura un momento il giubilo,
             Eterno è il suo dolor.
DES. Ma che miro! ecco a noi, che incerto i passi
     Muove il perfido Jago:
     Fuggiam, si eviti: ei rintracciar potria
     Sul mio volto l'amor, la pena mia.   (partono)

SCENA V.

Jago, indi **Rodrigo.**

JAGO Fuggi... sprezzami pur: più non mi curo
     Della tua destra... Un tempo a' voti miei
     Utile la credei... Tu mi sprezzasti
     Per un vile africano, e ciò ti basti.
     Ti pentirai, lo giuro;
     Tutti servir dovranno a' miei disegni
     Gl'involati d'amor furtivi pegni.
     Ma che veggo!... Rodrigo!...
ROD.   Del mio bene
     Il genitor dov'è?
JAGO   Miralo, ei viene.

SCENA VI.

Elmiro, e detti.

ELM. Giunto è, Rodrigo, il fortunato istante
     In cui dovrai di sposo
     Dar la destra a mia figlia.
     L'amistà mel consiglia,

Il mio dover, la tua virtude e il fero
Odio, che in petto io serbo
Per l'African superbo. Insiem congiunti
Per sangue e per amor, facil ne fia
Opporci al suo poter. Ma tu procura
Al padre tuo, che invitto e amato siede
In su l'adriaco soglio,
Svelar le trame e il suo nascosto orgoglio.
ROD. Ah! sì, tutto farò.
ELM.   Jago, t'affretta
A compir l'imeneo. A parte sei
Delle mie brame e de' disegni miei.   (Jago parte)
ROD. Ah! di qual gioia sento acceso il petto!
Ma sarò si felice?
ELM.   Io tel prometto.   (partono)

SCENA VII.

Elmiro solo.

Vendicarmi dovrò; non più si vegga
Che un barbaro stranier con modi indegni
Ad ubbidirlo ed a servir ne insegni.

SCENA VIII.

Desdemona ed **Elmiro**.

ELM. Ma la figlia a me vien.
DES.   Padre, permetti
Che rispettosa io baci...
ELM.   Ah! figlia vieni,
Vieni al mio seno. In questo fausto giorno
Dividere vo' teco il mio contento.
DES. Che mai dirmi potrà? Spero e pavento? (a parte)
ELM. Dal sen scaccia ogni duol. Un premio or t'offro
Che a te grato sarà.
DES.   (Forse d'Otello

Vuol colmare i trionfi?)
Rod.   In vaga pompa
Seguire or or tu dêi
Tra i plausi popolari i passi miei.   (parte)

SCENA IX.

Desdemona sola.

Comprenderlo non so! confusa io sono.

SCENA X.

Emilia, e detta.

Des. Emilia, in qual tumulto
Sento il misero cor!
Elm.   Che avvenne?
Des.   Il padre
Un premio m'offre, e vuole
Che, il seno e il crin pomposamente adorno,
Festeggi insiem con lui sì fausto giorno.
Tra la speme e il timor che mi consigli?
Emi. Fingon gli amanti ognor nuovi perigli.
Ma tu non paventar. Chi sa?.. d'un padre
L'amore in lui parlò. Forse d'Otello
Alla gloria egli cede, e l'odio antico
Cangiò in amore, e gli divenne amico.
Vieni, non indugiar...
Des.   Ti sieguo... Oh Dio!
Palpita intanto il povero cor mio.

SCENA XI.

Publica sala magnificamente adorna.

Coro di **Damigelle**, **Coro** degli **Amici** e **Confidenti** d'**Elmiro**.

Coro   Santo Imen! te guidi amore
          Due bell'alme ad annodar.

Dell' amore il dolce ardore
Tu procura di eternar....
Parte del CORO Senza lui divien tiranno
Il tuo nobile poter,
Altra parte Senza lui cagion di affanno
É d'amore ogni piacer.
TUTTI Qual momento di contento!
Tra l'amore ed il valore
Resta attonito il pensier!

SCENA XII.

Elmiro, Desdemona, Emilia, Rodrigo con seguito.

DES. Dove son! che mai veggio!
Il cor non mi tradì.
ELM. Tutta or riponi
La tua fiducia in me. Padre a te sono:
Ingannarti non posso. Eterna fede
Giura a Rodrigo: egli la merta, ei solo
Può renderti felice.
ROD. (Che mai dirà?...)
EMI. (Qual cenno!)
DES. (Oh me infelice!)
ELM. Appaga i voti miei; in te riposo.
DES. (Oh natura! oh dover! oh legge! oh sposo!)
ELM. Nel cor d'un padre amante
Riposa, amata figlia:
È amor che mi consiglia
La tua felicità.
ROD. (Confusa è l'alma mia
Tra tanti dubbi e tanti;
Solo in sì fieri istanti
Reggermi amor potrà.)
DES. Padre... tu brami... oh Dio!
Che la sua mano accetti?
(A' miei tiranni affetti
Chi mai resisterà?)

ELM. (Si arresta!... aimè!... sospira!
 Che mai temer degg'io?)
ROD. Tanto soffrir, ben mio,
 Tanto il mio cor dovrà?
DES. Deh taci!..
ELM. (Che veggo!)
ROD. (Mi sprezza!)
ELM. (Resiste!)
ROD. *a 2* Oh ciel! da te chieggo
DES. Soccorso, pietà.)
ELM. Deh giura...
DES. Che chiedi?
ROD. Ah vieni...
DES. Che pena!
ELM. Se al padre non cedi,
 Punirti saprà.
ROD. Ti parli l'amore:
 Non essermi infida:
 Quest'alma a te fida
 Più pace non ha.
ELM. D'un padre l'amore
 Ti serva di guida:
 Al padre t'affida,
 Che pace non ha;
DES. Del fato il rigore
 A pianger mi guida:
 Quest'alma a lui fida
 Più pace non ha.

SCENA XIII.

Otello nel fondo del teatro, seguito da **Lucio**
 ed alcuni suoi **Compagni**, e detti.

OTE. L'ingrata, aimè che miro!
 Al mio rivale accanto!...
LUC. Taci!

Rod.	Ti muova il pianto,
	Ti muova il mio dolor...
Elm.	Risolvi...
Ote.	Io non resisto.!
Seg.	Frenati...
Elm.	Ingrata figlia!
Rod., Des.	Oh Dio! chi mi consiglia?
	Chi mi dà forza al cor?
Tutti	Al rio destin rubello
	Chi mai sottrarla può?
Elm.	Deh giura...
Ote.	Ah ferma...
Tutti	Otello!...
	Il core in sen gelò!
Elm.	Che brami?
Ote.	Il suo core...
	Amore mel diede,
	E amore lo chiede,
	Elmiro, da te.
Elm.	Che ardire!
Des.	Che affanno!
Rod.	Qual' alma superba!
Ote.	Rammenta... mi serba (a Des.)
	Intatta la fè.
Rod.	E qual diritto mai,
	Perfido, su quel core
	Vantar con me potrai
	Per renderlo infedel?
Ote.	Virtù, costanza, amore,
	Il dato giuramento.
Elm.	Misero me! che sento!
	Giurasti!
Des.	È ver; giurai...
Elm.,Rod.	Per me non hai più fulmini,
	Inesorabil ciel!
Elm.	Vieni.
Ote.	Che fai? T' arresta...

	L'avrai tu mio nemico!..
Elm.	Empia!... ti maledico...
Tutti	Che giorno, oimè... d'orror!...
	Incerta l'anima
	Vacilla e geme;
	La dolce speme
	Fuggì dal cor.
Rod.	Parti, crudel.
Ote.	Ti sprezzo.

(Elmiro la prende, e, protetto da' suoi, la conduce via; ella, rimirando con dolcezza Otello, s'allontana da lui)

Des.	Padre!...
Elm.	Non v'è perdono.
Rod.	Or or vedrai chi sono.
Ote.	Paventa il mio furor!
Tutti	Smanio, deliro e fremo.
Des.	Smanio, deliro e tremo:
	No, non fu mai più fiero
	D'un rio destin severo
	Il barbaro tenor!

FINE DELL'ATTO PRIMO.

ATTO SECONDO

SCENA PRIMA.

Stanze di Elmiro.

Rodrigo e **Desdemona**.

DES. Lasciami.
ROD. É dunque vano
Il mio dolor!.. l'ira del padre!...
DES. Ah, vanne...
Io sol per te sono infelice.
ROD. Oh Dio!
Non dir così... se mai per me sereni
Io vegga scintillar quegli occhi tuoi,
Farò, bell'idol mio, ciò che tu vuoi.
DES. Placami dunque il padre,
Rendimi l'amor suo; mostra nel petto
Qual grand'alma rinchiudi e generosa.
ROD. Ma Otello, Otello adori!
DES. Io gli son sposa.
ROD. Che ascolto! aimè! che dici!
Ah come mai non senti
Pietà de' miei tormenti,
Del mio tradito amor?
Ma se costante sei
Nel tuo rigor crudele,
Se sprezzi i prieghi miei,
Le giuste mie querele,
Saprò con questo braccio
Spezzar l'occulto laccio,
Punire il traditor.   (parte)

SCENA II.

Desdemona sola.

M'abbandonò!... disparve!... Oh me infelice
Che mai farò?... restar degg'io?... seguirlo?...
Terribile incertezza! Ah! chi m'aita?
Chi mi consiglia?

SCENA III.

Emilia, e detta.

Des.   Ah! vieni, Emilia, vieni,
 Soccorrimi, previeni
 L'ultima mia rovina.
Emi. Che avvenne? Oh ciel! perchè così tremante?
Des. Io perderò per sempre il caro amante.
Emi. Chi tel rapisce?
Des. Il suo rival Rodrigo.
 A lui svelai che sposa...
Emi.   Ah che facesti!
Des. È tardo il pentimento:
 In si fatal momento
 Sol m'addita un cammino, onde sicura
 Possa giungere a lui.
Emi. Ma se sorpresa sei, se il genitore?..
Des. Più riguardi non ho, non ho più tema,
 Presente è il suo periglio al mio pensiere.
 Salvisi... a lui mi chiama il mio dovere (parte)

SCENA IV.

Giardino nella casa di Otello.

Otello assiso, nella massima costernazione.

Che feci!... ove mi trasse
Un disperato amor! io gli posposi

La gloria, l'onor mio!
Ma che!... mia non è forse?... in faccia al cielo
Fede non mi giurò? Non diemmi in pegno
La sua destra, il suo cor?... Potrò lasciarla?
Obbliarla potrò?... Potrò soffrire,
Vederla in braccio ad altri e non morire?

SCENA V.

Jago, e detto.

JAGO Perchè mesto così?... scuotiti. Ah! mostra
Che Otello alfin tu sei.
OTE. Lasciami in preda
Al mio crudo destin.
JAGO Del suo rigore
Hai ragion di lagnarti;
Ma tu non dêi, benchè nemico il fato,
Cader, per nostro scorno, invendicato.
OTE. Che mai far deggio?
JAGO Ascoltami... che pensi?...
In te stesso ritorna... I tuoi trionfi
Di difesa ti son... sono bastanti
I tuoi nemici ad atterrir... a farti
Sprezzare ogni altro affetto.
OTE. Quai terribili accenti!
L'interrotto parlare, i dubbi tuoi,
L'irresoluto volto
In quanti affanni involto
Hanno il mio cor! Spiegati. Ah! non tenermi
In sì fiera incertezza.
JAGO Altro dirti non so: dal labbro mio
Altro chieder non dêi.
OTE. Chieder non deggio?... oh Dio! quanto s'accresce
Il mio timor dal tuo silenzio!... Ah forse
L'infida!...
JAGO E perchè cerchi

Nuova cagion d'affanni?
OTE. Tu m'uccidi così. Meno infelice
Sarei, se il vero io conoscessi.
JAGO Ebbene,
Il vuoi? Ti appagherò... che dico!... io gelo!
OTE. Parla una volta.
JAGO Oh quale arcano io svelo!
Ma l'amistà lo chiede;
Io cedo all'amistà. Deh! sappi....
OTE. Ah taci!...
Ahimè! tutto compresi.
JAGO E che farai?
OTE. Vendicarmi, e morir.
JAGO Morir non dêi,
E in disprezzarla avrai vendetta intera.
OTE. Ma non tremenda e fiera,
Qual io la bramo, quale amor la chiede....
E sicuro son io del suo delitto? (con incertezza)
Ah se tal fosse!... guai a me... Tu Jago,
Tu mi comprendi; ed il tradirmi or fora
Delitto ancora in te.
JAGO Che mai tu pensi?
Confuso io son... ti parli
Questo foglio per me.
OTE. Che miro! oh Dio!
Sì, di sua man son queste
Le crudeli d'amor cifre funeste.
   Non m'inganno, al mio rivale
     L'infedel vergato ha il foglio...
     Più non reggo al mio cordoglio!...
     Io mi sento lacerar!
JAGO   (Già la fiera gelosia
    Versò tutto il suo veleno,
    Tutto già gl'inonda il seno,
     E mi guida a trionfar.)
OTE.   *Caro bene...* e ardisci, ingrata! (legge)
JAGO   (Nel suo ciglio il cor gli veggo.)

OTE.	*Ti son fida...* Ahimè! che leggo!
	Quali smanie io sento al cor!
JAGO	(Quanta gioia io sento al cor!)
OTE.	*Di mia chioma un pegno...* Oh cielo!
JAGO	(Cresce in lui l'atroce sdegno.)
OTE.	Dov'è mai l'offerto pegno?
JAGO	Ecco... il cedo con orror!
OTE.	No, più crudele un'anima...
JAGO	(No più contenta un'anima...
a 2	No, che giammai si vide!
OTE.	Il cor mi si divide
	Per tanta crudeltà.
JAGO	(Propizio il Ciel m'arride;
	L'indegna ah si cadrà.)
OTE.	Che far degg'io?
JAGO	Ti calma
OTE.	Lo speri invan.
JAGO	Che dici?
OTE.	Spinto da furie ultrici
	Punirla alfin saprò.
JAGO	Ed oserai?
OTE.	Lo giuro.
JAGO	E amore...
OTE.	Io più nol curo.
JAGO	T'affida; i tuoi nemici
	Or dunque abbatterò.
OTE.	L'ira d'avverso fato
	Io più non temerò:
	Morrò, ma vendicato
	Si... dopo lei morrò.
JAGO	(L'ira d'avverso fato
	Temer più non dovrò:
	Io son già vendicato,
	Di lui trionferò.) (parte)

SCENA VI.

Otello solo.

E a tanto giunger puote
Un ingannevol cor !... Ma chi s'avanza?

SCENA VII.

Rodrigo e detto.

OTE. Rodrigo... e che mai brami?...
ROD.   A te ne vengo
Tuo nemico, se il vuoi:
Ma, al mio voler se cedi,
Tuo amico e difensor.
OTE.   Uso non sono
A mentire a tradir. Io ti disprezzo
Nemico o difensor.
ROD.   (Oh che baldanza! (a parte)
Non mi conosci ancor?
OTE.   Sì, ti conosco,
Perciò non ti pavento;
Sol disprezzo, il ripeto, io per te sento.
ROD.   Ah vieni, nel tuo sangue
        Vendicherò le offese:
        Se un vano amor ti accese,
        Distruggerlo saprò.
OTE.   Or or vedrai qual chiudo
        Giusto furor nel seno:
        Sì, vendicarmi appieno
        Di lei, di te dovrò.
a 2   Qual gioia! all'armi, all'armi!
        Il traditor già parmi.
        Veder trafitto al suol.

SCENA VIII.

Desdemona, e detti.

DES.	Aimè! fermate, udite...	(arrestandoli)
	Solo il mio cor ferite	
	Cagion di tanto duol.	
	Rod. Ote. Des.	
	Che fiero punto è questo!	
ROD. OTE.	L'indegna a me dinante!	
DES.	L'ingrato a me dinante!	
OTE. ROD.	Pinta ha sul reo sembiante	
	Tutta l'infedeltà.	
DES.	Non cangia di sembiante!	
	Misera! che sarà?	
OTE.	Deh sieguimi.	
ROD.	Ti sieguo.	
OTE.	Son pago alfin.	
DES.	T'arresta.	
OTE.	Vanne.	
DES.	Che pena è questa!	
	Che fiera crudeltà!	
	Perchè da te mi scacci?...	
	Qual barbaro furore	
	Così ti accende il core,	
	Che vaneggiar ti fa?	
OTE.	Ah perfida! ed ardisci?...	
ROD.	T'affretta.	
DES.	Che mai sento!	
a 3	Più barbaro tormento	
	Di questo non si dà.	
DES.	Ah per pietà!	
OTE.	Mi lascia.	
DES.	Ma che ti feci io mai?	
OTE.	Or or tu lo vedrai...	
	Finge l'indegna ancor!	(fra sè)

a 3   Tra tante smanie e tante
            Quest' alma mia delira,
            Vinto è l' amor dall' ira,
            Spira vendetta il cor.   (partono)
DES.   Quest' alma, che delira
            Su i labbri miei già spira:
            Sento mancarmi il cor!
    L'ingrato mi lasciò! misera! io moro.
                                      (sviene)

SCENA IX.

Emilia, e detta.

EMI. Desdemona! che veggo! al suol giacente...
Pallor di morte le ricopre il volto...
Oh ciel! chi mi soccorre?
Qual ajuto recarle?
O tu dell' alma mia parte più cara,
Ascoltami deh riedi a questo seno...
La tua amica ti chiama... Ah! non risponde!
Gelo è il petto e la man... Chi me la invola?...
Quel barbaro dov'è?... vorrei... che miro!...
Apre i languidi lumi... alfin respiro!
DES. Chi sei?...
EMI.   Non mi conosci?
DES.   Emilia!
EMI.   Ah quella,
Quella appunto son io. Siegui i miei passi,
Salvati per pietà.
DES.   Ma potrò mai
Rivederlo?.. abbracciarlo?... Ah se nol sai,
Vanne, cerca, procura....
EMI.   E che mai chiedi?
Intenderti chi può?
DES.   Confusa, oppressa
In me non so più ritrovar me stessa!

Che smania!... aimè! che affanno!...
   Chi mi soccorre? oh Dio!
   Per sempre ahi l'idol mio
   Perder così dovrò!
Barbaro Ciel tiranno!
   Da me se lo dividi,
   Salvalo almen: me uccidi:
Contenta io morirò.

SCENA X.

oro di Popolo, indi **Coro di Confidenti,**
      poi **Elmiro.**

Qual nuova a me recate?
   Men fiero, se parlate,
   Si rende il mio dolor.
Trema il mio core e tace.
   De' detti ah più loquace,
   È quel silenzio ancor!
            (si avanza il Coro di confidenti)
Ah ditemi, almen voi...
   Che mai saper tu vuoi?
   Se vive il mio tesor.
Vive, serena il ciglio...
   Salvo dal suo periglio?
   Altro non chiede il cor.
Qui!... l'indegna!
        Il genitore!
   Del mio tradito onore
   Come non hai rossor?
Oh ciel! qual nuovo orror!
L'error d'un'infelice
   Pietoso in me perdona,
   Se il padre m'abbandona
   Da chi sperar pietà?
No, che pietà non meriti;
   Vedrai fra poco, ingrata,

	Qual pena è riserbata
	Per chi virtù non ha.
Des.	Palpita il cor nel petto;
	A quel severo aspetto
	Più reggere non so!
Elm.	Odio, furor, dispetto
	Han la pietà nel petto
	Cangiata in crudeltà.
Dam.	Come cangiar nel petto
	Può il suo paterno affetto
	In tanta crudeltà?
Conf.	Se nutre nel suo petto
	Un impudico affetto,
	Giusta è la crudeltà.

FINE DELL'ATTO SECONDO.

ATTO TERZO

SCENA PRIMA.

La scena rappresenta una stanza da letto.

Emilia, Desdemona in semplicissime vesti abbandonata su di una sedia, ed immersa nel più profondo dolore.

DES. Ah!
EMI. Dagli affanni oppressa
Parmi fuor di sè stessa!
Che mai farò?... chi mi consiglia? Oh cielo!...
Perchè tanto ti mostri a noi severo?
DES. Ah no, di rivederlo io più non spero.   (da sè)
EMI. (facendosi coraggio ed avvicinandosi a lei)
Rincórati, m'ascolta... In me tu versa
Tutto il tuo duol. Nell'amistà soltanto
Puoi ritrovare alcun conforto... Ah parla...
DES. Che mai dirti poss'io?...
Ti parli il mio dolore, il pianto mio.
EMI. Quanto mi fai pietà!... Ma almen procura,
Da saggia che tu sei,
Di dar tregua per poco alle tue pene.
DES. Che dici!... Che mai pensi!... In odio al cielo,
A mio padre, a me stessa... in duro esiglio
Condannato per sempre il caro sposo...
Come trovar poss'io tregua o riposo?
(sentesi da lungi il Gondoliere, che scioglie all'aura un dolce
GON.   » Nessun maggior dolore   canto)
    » Che ricordarsi del tempo felice
    » Nella miseria.   (DANTE)
              (Desdemona a quel canto si scuote)
DES. Oh come infino al core

Giungon quei dolci accenti! (alzasi, e con trasporto si avvicina alla finestra)
Chi sei che così canti?... Ah! tu rammenti
Lo stato mio crudele!
EMI. È il gondoliere, che cantando inganna
Il cammin sulla placida laguna
Pensando a' figli, mentre il ciel s'imbruna.
DES. Oh lui felice! ah se potessi anch'io
Sperar... vana lusinga!... a inutil pianto
Sol mi serbasti, ingiusto. Amor!...
EMI.   Che veggio!
S'accresce il suo dolor...
DES.   Isaura!... Isaura!
EMI. Essa l'amica appella,
Che, all'Africa involata, a sè vicina
Qui crede, e qui morì...
DES. Infelice ancor fosti
Al par di me. Ma or tu riposi in pace...
EMI. Oh quanto è ver che ratti a un core oppresso
Si riuniscon gli affanni!
DES. O tu del mio dolor dolce istrumento!
Caro pegno d'amor, che sol m'avanzi,
Io te riprendo ancora;
E unisco al mesto canto
I sospiri d'Isaura ed il mio pianto.
   Assisa a piè d'un salice,
    Immersa nel dolore,
    Gemea trafitta Isaura
    Dal più crudele amore,
    L'aura tra i rami flebile
    Ne ripeteva il suon.
  I ruscelletti limpidi
    A' caldi suoi sospiri
    Il mormorio mesceano
    De' lor diversi giri:
    L'aura fra i rami flebile
    Ne ripeteva il suon.

   Salce d'amor delizia
    Ombra pietosa appresta
    (Di mie sciagure immemore)
    All'urna mia funesta...
    Nè più ripeta l'aura
    De' miei lamenti il suon.
  Che dissi!... Ah m'ingannai!... Non è del canto
  Questo il lugubre fin. M'ascolta... Oh Dio!
  (un colpo di vento spezza alcuni vetri della finestra)
  Qual mai strepito è questo!
  Qual presagio funesto!
EMI. Non paventar! rimira,
  Impetuoso vento è quel che spira.
DES. Io credeva che alcuno... Oh come il cielo
  S'unisce a' miei lamenti!...
  Ascolta il fin de' dolorosi accenti.
    Ma stanca alfin di spargere
    Mesti sospiri e pianto,
    Morì l'afflitta vergine
    Ahi! di quel salce accanto!
  Morì... Che duol! l'ingrato
  Potè... Ma il pianto! Oh Dio!
  Proseguir non mi fa. Parti, ricevi
  Da' labbri dell'amica il bacio estremo.
EMI. Ah che dici!.. obbedisco... oh come io tremo! (parte)

SCENA II.

Desdemona nel massimo dolore dirige al cielo
  la seguente preghiera.

  Deh calma, o ciel, nel sonno
   Per poco le mie pene,
   Fa che l'amato bene
   Mi venga a consolar.
  Se poi son vani i preghi,
   Di mia breve urna in seno

Venga di pianto almeno
Il cenere a bagnar. (ella cala le tendine,
e si getta sul letto.)

SCENA III.

Otello s'introduce nella stanza di Desdemona per una secreta porta, tenendo in mano una fiaccola accesa ed un pugnale.

Eccomi giunto inosservato e solo
Nella stanza fatal. Jago involommi
Al mio vicin periglio. Egli i miei passi
Dirigere qui seppe. (si rimane per un momento attonito; indi attento guarda in giro)
Il silenzio m'addita
Ch'ella di mia partenza omai sicura
Sogna il rivale, e più di me non cura.
(riguardando verso la tendina del letto)
Quanto t'inganni! ora egli al suol trafitto...
Che dissi!... Ah omai si compia il mio delitto!
(pian piano si avvicina al letto, ed apre le tendine nel massimo tumulto del cuore)
Che miro! aimè!... quegli occhi, abbenchè chiusi,
Pur mi parlano al cor! quel volto, in cui
Natura impresse i più bei pregi sui
Mi colpisce, m'arresta!... (confuso, s'allontana dal letto)
Ma se più mio non è... perchè serbarlo?
Struggasi... E chi mai puote (avvicinandosi di
nuovo a lei)
Riprodurne l'egual! (indi si allontana da lei pieno
È sua la colpa, di perplessità)
Se il mio temuto aspetto
L'allontana da me? Perchè un sembiante,
Barbaro ciel, non darmi, in cui scolpito
Si vedesse il mio cor?... forse... che allora....
Che dico!... E il tradimento

Non merta il mio rigor? Mora l' indegna!...
(avvicinandosi di nuovo al letto)
Ahi! trema il braccio ancor: crudele indugio!
(rimirando la face)
Eccone la cagion... tolgasi... O notte
(spegne la face gettandola a terra)
Che mi deve sul ciglio eternamente
Colle tenebre sue coprir l'orrore
Di questo infausto giorno!
DES. Amato ben!   (in sonno)
OTE.   Che sento!... Ahimè! Qual nome!
Sogna, o è pur desta? (un lampo che passa a traverso della finestra gli mostra ch'ella dorme)
Ah! che tra i lampi il cielo
A me più chiaro il suo delitto addita,
E a compir la vendetta, ah! si, m'invita.
(un forte tuono si ascolta. Desdemona si desta, e tra frequenti lampi riconosce Otello)
OTE. Iniqua!
DES.   Ahimè!... che veggo!...
Come mai qui giungesti?...
Come tu puoi?... ma no... contenta io t'offro
Inerme il petto mio,
Se più quell'alma tua pietà non sente...
OTE. La tradisti, crudel!
DES.   Sono innocente.
OTE. Ed osi ancor, spergiura!...
Più frenarmi non so. Rabbia, dispetto
Mi trafiggono a gara!
DES. Ah padre! ah che mai feci!
È sol colpa la mia d'averti amato.
Uccidimi se vuoi, perfido! ingrato!
Non arrestare il colpo...
Vibralo a questo core,
Sfoga il tuo reo furore,
Intrepida morrò.
OTE.   Ma sappi pria che mori

        Per tuo maggior tormento,
Che già il tuo bene è spento,
Che Jago il trucidò.

DES. Jago! che ascolto!... Oh Dio!
Barbaro! che facesti?
Fidarti a lui potesti?
A un vile traditor?

OTE. Vile!... ah si ben comprendo
Perchè così ti adiri;
Ma inutili i sospiri
Or partono dal cor. (i lampi continuano)

DES. Ah crudel!

OTE.   Oh rabbia! io fremo!

DES. Oh qual giorno!

OTE.   Il giorno estremo...

DES. Che mai dici?

OTE.   A te sarà.
Ah quel volto, a mio dispetto,
Di furor disarma il petto,
In me desta ancor pietà.

DES. Per lui sento ancor nel petto,
Benchè ingiusto, un dolce affetto,
Per lui sento ancor pietà. (comincia il temporale)

OTE. Notte per me funesta!
Fiera, crudel tempesta!
Accresci co' tuoi fulmini,
Col tuo fragore orribile
Accresci il mio furor!

DES. Notte per me funesta!
Fiera, crudel tempesta!
Tu accresci in me co' fulmini,
Col tuo fragore orribile
I palpiti e l'orror. (il temporale cresce, i tuoni si succedono con gran fragore)

OTE. Oh ciel! se me punisci
È giusto il tuo rigor.
    (i tuoni cessano, ma i lampi continuano)

OTE. Tu d'insultarmi ardisci!
Ed io m'arresto ancor?
DES. Uccidimi... ti affretta,
Saziati alfin, crudel!
OTE. Si compia la vendetta. (la prende, la spinge sul letto, e nell'impugnare il ferro Desdemona sviene. Egli vibra il colpo)
DES. Ahimè!...
OTE. Mori, infedel. (Otello si allontana dal letto nel massimo disordine e spavento: cerca di occultare il suo delitto e l'oggetto del suo dolore con tirare le tendine del letto. Dopo un breve silenzio)
OTE. Che sento!... Chi batte?..
LUC. Otello! (di fuori)
OTE. Qual voce!..
Occultati atroce
Rimorso nel cor. (Ote. apre la porta)

SCENA IV.

Lucio, e Detto.

OTE. Rodrigo?
LUC. Egli è salvo.
OTE. E Jago?
LUC. Perisce.
OTE. Ah chi lo punisce?
LUC. Il Cielo, l'Amor.
OTE. Che dici?... e tu credi?...
LUC. Ei stesso le trame,
Le perfide brame
Sorpreso svelò.
OTE. Che ascolto!...
LUC. Ah già tutti
Deh! mira contenti.
OTE. A tanti tormenti
Più regger non so!

SCENA ULTIMA.

Doge, Elmiro, Rodrigo con seguito, e detti.

DOGE	Per me la tua colpa
	Perdona il Senato.
ELM.	Già riedo placato
	Qual padre al tuo sen.
ROD.	Il perfido Jago
	Cangiò nel mio petto
	Lo sdegno in affetto:
	Ti cedo il tuo ben.
OTE.	Che pena!...
CORO	Che gioia!
DOGE, ROD.	Accogli nel core
	Il pubblico amore,
	La nostra amistà.
ELM.	La man di mia figlia...
OTE.	La man di tua figlia!... (con sorpresa)
	Si... unirmi a lei deggio...
	Rimira... (scopre la tendina)
ELM.	Che veggio!...
OTE.	Punito m'avrà... (si uccide)
TUTTI	Ah!...

FINE.

ELENCO
dei libretti d'Opere teatrali di esclusiva proprietà di
TITO DI GIO. RICORDI

NB. Quelli segnati con *p* sono già publicati.

Alary. Le tre Nozze
pAltavilla. I Pirati di Baratteria
pApolloni. L'Ebreo
pAspa. Un Travestimento
pAuber. La Muta di Portici
pBalfe. Pittore e Duca
pBaroni. Ricciarda
Battista. Eleonora Dori
— Emo
— Irene
— Rosvina de la Forest
Bauer. Chi più guarda meno vede
Bona. Don Carlo
Boniforti. Giovanna di Fiandra
Butera. Angelica Veniero
p— Elena Castriotta
pBuzzi. Aroldo il Sassone
p— Ermengarda
p— Saul
pBuzzola. Amleto
pCagnoni. Amori e trappole
p— Don Bucefalo
p— La Fioraja
p— Il Testamento di Figaro
pCampiani. Taldo
Capecelatro. Mortedo
Carlini. Ildegonda
Carlotti. Rita
pChiaromonte. Caterina di Cleves
Coccia. Giovanna II Regina di Napoli
— La Solitaria delle Asturie
pCoppola. Fingal
p— L'Orfana Guelfa
— Il Postiglione di Longjumeau
Corbi. Argia
pDalla Baratta. Il Cuoco di Parigi
— Bianca
pDonizetti. Caterina Cornaro
p— Don Pasquale
p— Don Sebastiano

pDonizetti. Linda di Chamounix
p— Elisabetta
p— La Figlia del Reggimento
p— Maria Padilla
p— Paolina e Poliuto (I Martiri)
Elia. L'Orfana di Smolensko
pFerrari. Gli ultimi giorni di Suli
pFioravanti ed altri. Don Procopio
pFioravanti. La figlia del fabbro
p— Il Notajo d'Ubeda
p— I Zingari
pFlotow. Alessandro Stradella
p— Il Boscajuolo o L'Anima della tradita (*L'âme en peine*)
Fontana. I Baccanti
pForoni. Cristina Regina di Svezia
pGabrielli. Il Gemello
— Giulia di Tolosa
pGalli. Giovanna dei Cortuso
pGambini. Cristoforo Colombo
pHalevy. L'Ebrea
pMaillart. Gastilbelza
Malipiero. Ildegonda di Borgogna (Attila)
pMercadante. Orazj e Curiazj
p— La Schiava Saracena
p— Il Vascello di Gama
pMeyerbeer. I Guelfi e i Chibellini (Gli Ugonotti)
p— Gli Ugonotti (nuova traduz.)
— Il Profeta
pMuzio. Giovanna la Pazza
p— Claudia
Nini. Odalisa
Pacini. L'Ebrea
p— La Fidanzata Corsa
p— Malvina di Scozia
p— Merope
p— La Regina di Cipro
pPacini. Stella di Napoli

Segue

Pappalardo. Il Corsaro
p*Pedrotti.* Fiorina o la Fanciulla di Glaris.
p — Il Parrucchiere della reggenza
p — Romea di Monfort
Perelli. Galeotto Manfredi
— Osti e non Osti
p*Petrocini.* La Duchessa de la Vallière
p*Pistilli.* Rodolfo da Brienza
p*Platania.* Matilde Bentivoglio
p*Poniatowski.* Bonifazio de' Geremei
Puzone. Il Figlio dello Schiavo
p*Ricci F.* Estella
p — Il Marito e l'amante
p — Un duello sotto Richelieu
— Vallombra
p*Ricci (fratelli).* Crispino e la Comare
Riotte. Selene
Rossi (Lauro). Azema di Granata
p — Il Domino Nero
p — La Figlia di Figaro
p*Rossini.* Roberto Bruce
Sanelli. Ermengarda
p — Il Fornaretto
p — Gennaro Annese
p — Luisa Strozzi
p — Piero di Vasco
p — La Tradita

Schoberlechner. Rossane
Speranza. Java
Tauro ed altri. Il ritratto di Don Liborio
p*Torriani.* Carlo Magno
Torrigiani. La Sirena di Normandia
p*Vaccaj.* Virginia
Vera. Anelda di Messina
p*Verdi.* Alzira
p — L' Assedio di Arlem
p — I Due Foscari
p — Ernani
p — Gerusalemme
p — Giovanna d'Arco
p — Guglielmo Wellingrode (Stiffelio)
p — I Lombardi alla prima Crociata
p — Luisa Miller
p — Macbeth
p — Nabucodonosor
p — Orietta di Lesbo (Giovanna o d'Arco)
p — Rigoletto
p — Stiffelio
p — La Traviata
p — Il Trovatore
p — Violetta (la Traviata)
p — Viscardello (Rigoletto)

Altri libretti publicati dal suddetto Editore.

Battista. Anna la Prie
Bellini. Beatrice di Tenda
— Norma
— I Puritani e i Cavalieri
— La Sonnambula
Donizetti. Il Campanello
— Detto, con prosa
— L' Elisir d'amore
— Gemma di Vergy
— Lucia di Lammermoor
— Lucrezia Borgia
— Maria di Rohan
— Marino Faliero
— Roberto Devereux

Mercadante. Il Bravo
— Il Giuramento
— La Vestale
Meyerbeer. Roberto il Diavolo
Pacini. Saffo
Ricci F. Corrado d'Altamura
— Le prigioni di Edimburgo
Ricci L. I Due Sergenti
— Un' Avventura di Scaramuccia
Rossini. Il Barbiere di Siviglia
— L' Italiana in Algeri
— Mosè
— Guglielmo Tell
— Otello
Verdi. Il Finto Stanislao